Christian   Morgenstern

Wir fanden einen Pfad

Neue Gedichte

Christian   Morgenstern

Wir fanden einen Pfad
Neue Gedichte

ISBN/EAN: 9783337353421

Hergestellt in Europa, USA, Kanada, Australien, Japan

Cover: Foto ©Thomas Meinert / pixelio.de

Weitere Bücher finden Sie auf **www.hansebooks.com**

Wir fanden einen Pfad

Neue Gedichte

Christian Morgenstern

.

alphabetisch nach Titeln sortiert:

"Brüder!"

Lied für ein neues Gesangbuch studierender Jugend
"Brüder!"—Hört das Wort!

Soll's ein Wort nur bleiben?
Soll's nicht Früchte treiben
fort und fort?

Oft erscholl der Schwur!
Ward auch oft gehalten—
doch in engem, alten
Sinne nur.

O sein neuer Sinn!
Lernt ihn doch erkennen!
Laßt doch heiß ihn brennen
durch euch hin!

Allen Bruder sein!
Allen helfen, dienen!
Ist, seit ER erschienen,
Ziel allein!

Auch dem Bösewicht,
der uns widerstrebet!
Er auch ward gewebet
einst aus Licht.

"Liebt das Böse—gut!"
lehren tiefe Seelen.
Lernt am Hasse stählen—
Liebesmut!

"Brüder!"—Hört das Wort!
Daß es Wahrheit werde—
und dereinst die Erde
Gottes Ort!

An den andern

Ich hatte mich im Hochgebirg verstiegen.

Die Felsenwelt um mich, sie war wohl schön;
doch konnt ich keinen Ausgang mir ersiegen,
noch einen Aufgang nach den lichten Höhn;

Da traf ich Dich, in ärgster Not: den Andern!
Mit Dir vereint, gewann ich frischen Mut.
Von neuem hob ich an, mit Dir, zu wandern,
und siehe da: Das Schicksal war uns gut.

Wir fanden einen Pfad, der klar und einsam
empor sich zog, bis, wo ein Tempel stand.
Der Steig war steil, doch wagten wir's gemeinsam ...
Und heut noch helfen wir uns, Hand in Hand.

Mag sein, wir stehn an unsres Lebens Ende
noch unterm Ziel,—genug, der Weg ist klar!
Daß wir uns trafen, war die große Wende,
Aus zwei Verirrten ward ein wissend Paar.

An eine Freundin

Laß den Helden in deiner Seele nicht sterben!
Welkst du hin wie die Blume, der Baum im Herbst,—
höre nimmer doch auf, um den Kranz zu werben!

Alle andern Kränze bleiben zurücke,
schwinden hin wie die Glieder, die sie bedecken ...
Dieser bleibt dir allein auf der großen Brücke—

hält dir droben die Geisterstirn noch umschlossen:
und dereinst, wenn du wieder hinabgestiegen,
wirst du gehn, wie von heiligem Schein umflossen.

(an einige)

Ihr kennt den Trost, der enttrübt,
die fern den Schranken:—
Werden draußen Taten geübt,
entsenden sie—Gedanken.

(an manche)

Ihr kennt es, das harte Leid,
heißt es entsagen,
mitzuwirken im Sturm der Zeit
zu neuem Gottestagen.

(an viele)

Ihr kennt sie, die Leidenschaft,
die uns verbindet:
Helfen, helfen, mit einer Kraft,
die alles überwindet.

Bedenke, Freund, ...

Bedenke, Freund, was wir zusammen sprachen.
War's wert, daß wir den Bann des Schweigens brachen,
um solche Nichtigkeiten auszutauschen?

So schwätzen wohl zwei Vögel miteinander,
derweil in unablässigem Gewander

des Stromes strenge Wogen meerwärts rauschen.

Erwacht in dir nicht ein Gefühl der Leere,
erwägst du, wie so auftut Jahre, Jahre
nichts als Geschwätz aus dir sich und dem andern,

indessen nach der Gottheit Schoß und Meere
der Geistesweisheit sternenspiegelklare
Gewässer ruhlos und gewaltig wandern?

Da nimm

Da nimm. Das laß ich dir zurück, oWelt ...
Es stammt von dir. Es sei von neuem dein.
Da, wo ich jetzo will hinaus, hinein,
bin ich nicht mehr auf dich gestellt.
Da gilt der blasse Geist allein,
den ich mir formte über dir
ach, nur wie einen blassen Opferrauch,—
da gilt nur noch der ach, so schwache Hauch,
der von dem CHRISTUS lebt in mir.

Das bloße Wollen ...

Das bloße Wollen einer großen Güte
ist ganz gewiß ein hohes Menschentrachten.
Doch es erhebt sich erst zur vollen Blüte,

wenn Gnaden eines seherisch Erwachten
den Kosmos nachtentleitetem Gemüte
als Geisterkunstwerk zum Bewußtsein brachten.

Dann wächst aus Riesenschöpfungsüberblicken,

aus Aufschau zu verborgnen Bildnersphären,
aus Selbstmiteinbezug in deren Stufen—

ein Mitgefühl mit dieser Welt Geschicken,
das mehr als dunkle Herzenstriebe nähren,
das höchste Götter mit ans Werk berufen.

Das ist der Ast in deinem Holz

Das ist der Ast in deinem Holz,
an dem der Hobel hängt und hängt:
dein Stolz,
der immer wieder dich
in seine steifen Stiefel zwängt.

Du möchtest auf den Flügelschuhn
tiefinnerlichster Freiheit fliehn,
doch ihn
verdrießt so bitterlich
kein ander unabhängig Tun.

Er hält dich fest: da stehst du starr:
dürrknisternd-widerspenstig Holz:
ein Stolz-
verstotzter Stock, ein sich
selbst widriger Hanswurst und Narr.

Der Engel ...

"Wo bist du hin? Noch eben warst du da—
Was wandtest du dich wieder abwärts, wehe,
nach jenem Leben, das ich nicht verstehe,
und warst mir jüngst doch noch so innig nah.

"Ich soll hinab mit dir in deine Welt,
aus der die Schauer der Verwesung hauchen,
ins Reich des Todes soll ich mit dir tauchen,
das wie ein Leichnam fort und fort zerfällt?

"Wohl gibt es meinesgleichen, eingeweiht
in eure fürchterlichen Daseinsstufen ...
Doch ich bin's nicht. Nur wie verworrnes Rufen
erschreckt das Wort mich Eurer Zeitlichkeit.

"Laß mich mein Haupt verhüllen, bis du neu
mir wiederkehrst, so rein, wie ich dich liebe,
von nichts erfüllt als süßem Geistestriebe
und deinem Urbild wieder strahlend treu."

Der Kranke

Oft zu sterben wünscht ich mir ...
Und wie dankbar bin ich doch,
daß ich leb und leide noch
im gesetzten Nun und Hier.

Bleibt mir doch damit noch Zeit,
abzubauen manch Gebrest,
komm ich nimmer auch zum Rest,
werd ich besser doch bereit.

Wenn ich jetzt nichtwirken kann,
helf ich also doch dem Mir,
das dereinst nach Nun und Hier
wirken wird im Dort und Dann.'

Die Fußwaschung

Ich danke dir, du stummer Stein,
und neige mich zu dir hernieder:
Ich schulde dir mein Pflanzensein.

Ich danke euch, ihr Grund und Flor,
und bücke mich zu euch hernieder:
Ihr halft zum Tiere mir empor.

Ich danke euch, Stein, Kraut und Tier,
und beuge mich zu euch hernieder:
Ihr halft mir alle drei zu Mir.

Wir danken dir, du Menschenkind,
und lassen fromm uns vor dir nieder:
weil dadurch, daß du bist, wir sind.

Es dankt aus aller Gottheit Ein-
und aller Gottheit Vielfalt wieder.
In Dank verschlingt sich alles Sein.

Die Sonne will sich sieben Male spiegeln

Die Sonne will sich sieben Male spiegeln,
in allen unsern sieben Leibesgliedern:
daß sie ihr siebenmal ihr Bild erwidern.

Die Sonne will uns siebenmal entsiegeln.

Die zur Wahrheit wandern

Die zur Wahrheit wandern,

wandern allein,
keiner kann dem andern
Wegbruder sein.

Eine Spanne gehn wir,
scheint es, im Chor ...
bis zuletzt sich, sehn wir,
jeder verlor.

Selbst der Liebste ringet
irgendwo fern;
doch wer's ganz vollbringet,
siegt sich zum Stern,

schafft, sein selbst Durchchrister,
Neugottesgrund—
und ihn grüßt Geschwister
Ewiger Bund.

Du Weisheit meines höhern Ich

Du Weisheit meines höhern Ich,
die über mir den Fittich spreitet
und mich vom Anfang her geleitet,
wie es am besten war für mich,—

Wenn Unmut oft mich anfocht: nun—
Es war der Unmut eines Knaben!
Des Mannes reife Blicke haben
die Kraft, voll Dank auf Dir zu ruhn.

Du hast die Hand schon am Portal

Du hast die Hand schon am Portal
und tastest nach der Klinke Hand
(denn noch erhellt sie dir kein Strahl).

Du wirst erst wach, wenn sie sie fand,
sei's dieses, sei's das nächste Mal;—
dann wirst du weiß stehn wie die Wand,

davor du lange dumpf geirrt;
und wie ein Leichnam hinfällt, wird
dein Leib hinfallen in den Sand.

Einen Freund über seinen Liebeskummer zu trösten

Einen Freund über seinen Liebeskummer zu trösten
Wir müssen immer wieder uns begegnen
und immer wieder durch einander leiden,
bis eines Tages wir das alles segnen.

An diesem Tage wird das Leiden weichen,
das Leiden wenigstens, das Blindheit zeugte,
das uns wie blinden Wald im Sturme beugte.

Dann werden wir in neues Ziel und Leben
wie Flüsse in ein Meer zusammenfließen,
und kein Getrenntsein wird uns mehr verdrießen.

Dann endlich wird das, ... suchet nicht das Ihre'
Wahrheit geworden sein in unsern Seelen.
Und wie an Kraft wird's uns an Glück nicht fehlen.

Erblinden mag ich

Erblinden mag ich, sprach ich kühn,—
mir bleibt nichts Neues mehr zu schauen! ...
Da wandelt sich der Erde Grün
zum odemraubend kühlen Grauen.

Ein Schleier fällt auf die so recht
geliebten Wesen und Gelände,
und zu der—Geister Lichtgeschlecht
erhebt—ein Blinder seine Hände ...

Evolution

Kaum daß sich, was sich einst von Dir getrennt,
in seiner Sonderwesensart erkannt,
begehrt zurück es in sein Element.

Es fühlt sich selbst und doch zugleich verbannt
und sehnt sich heim in seines Ursprungs Schoß ...
Doch vor ihm steht noch ehern unverwandt

Äonengroß sein menschheitliches Los!

Faß es, was sich dir enthüllt!

Faß es, was sich dir enthüllt!
Ahne dich hinan zur Sonne!
Ahne, welche Schöpfer-Wonne
jedes Wesen dort erfüllt!

Klimm empor dann dieser Geister
Stufen bis zur höchsten Schar!
Und dann endlich nimm Ihn wahr:
Aller dieser Geister Meister!

Und dann komm mit Ihm herab!
Unter Menschen und Dämonen
komm mit Ihm, den Leib bewohnen,
den ein Mensch Ihm fromm ergab.

Faßt ein Herz des Opfers Größe!
Mißt ein Geist dies Opfer ganz!—
Wie ein Gott des Himmels Glanz
tauscht um Menschennot und—blöße!

Geschöpf nicht mehr ...

Geschöpf nicht mehr, Gebieter der Gedanken,
des Willens Herr, nicht mehr in Willens Frone,
der flutenden Empfindung Maß und Meister,

zu tief um an Verneinung zu erkranken,
zu frei, als daß Verstocktheit in ihm wohne:
So bindet sich ein Mensch ans Reich der Geister:

So findet er den Pfad zum Thron der Throne.

Gib mir den Anblick deines Seins

Gib mir den Anblick deines Seins, o Welt ...
Den Sinnenschein laß langsam mich durchdringen ...

So wie ein Haus sich nach und nach erhellt,
bis es des Tages Strahlen ganz durchschwingen—
und so wie wenn dies Haus dem Himmmelsglanz
noch Dach und Wand zum Opfer könnte bringen—
daß es zuletzt, von goldner Fülle ganz
durchströmt, als wie ein Geisterbauwerk stände,

14

gleich einer geistdurchleuchteten Monstranz:

So möchte auch die Starrheit meiner Wände
sich lösen, daß dein volles Sein in mein,
mein volles Sein in dein Sein Einlaß fände—
und so sich rein vereinte Sein mit Sein.

Hymne

Wie in lauter Helligkeit
fließen wir nach allen Seiten ...
Erdenbreiten, Erdenzeiten
schwinden ewigkeitenweit ...

Wie ein Atmen ganz im Licht
ist es, wie ein schimmernd Schweben
Himmels-Licht—in Deinem Leben
lebten je wir, je wir—nicht?

Konnten fern von Dir verziehen,
flohen Dich, verbannt, verdammt
Doch in Deine Harmonien
kehren heim, die Dir entstammt.

Ich bin aus Gott wie alles Sein geboren

Ich bin aus Gott wie alles Sein geboren,
ich geh im Gott mit allem Mein zu sterben,
ich kehre heim, o Gott, als Dein zu leben.

Erst wurde ich aus Deinem Ich gegeben,
dann galt es dies Gegebne zu erwerben,
Dir als ein Du es Brust an Brust zu heben.

Da wollte Stolz es mittendrin verderben,
und es ward Dir, und Du warst ihm verloren ...
Bis daß Du übermächtig mich beschworen!

Da ward ich Dir zum andernmal geboren:
denn ich verstand zum erstenmal zu sterben,
denn ich empfand zum erstenmal zu leben.

Ich habe den MENSCHEN gesehn

Ich habe den MENSCHEN gesehn in seiner tiefsten Gestalt,
ich kenne die Welt bis auf den Grundgehalt.

Ich weiß, daß Liebe, Liebe ihr tiefster Sinn,
und daß ich da, um immer mehr zu lieben, bin.

Ich breite die Arme aus, wie ER getan,
ich möchte die ganze Welt, wie ER, umfahrn.

Ich hebe Dir mein Herz empor

Ich hebe Dir mein Herz empor
als rechte Gralesschale,
das all sein Blut im Durst verlor
nach Deinem reinen Mahle,
o CHRIST!

O füll es neu bis an den Rand
mit Deines Blutes Rosenbrand,
daß: DEN fortan ich trage
durch Erdennächt' und—tage,
DU bist!

Ich will aus allem nehmen

Ich will aus allem nehmen, was mich nährt,
was übereinstimmt mit mir längst Vertrautem;
so wird mir manches stille Glück gewährt.

In Eurer Weisheit fand ich manch geheime
Bestätigung zu von mir selbst Geschautem
und brachte sie zu meiner Art in Reime.

Es gibt so vieles Schöne, Gute, Wahre;
wie bin ich dankbar, daß ich Mensch sein darf
und immer Neues solcher Art erfahre!'

Erfahre denn noch dies dazu: entfernt
bist du vom Ernst noch. Dein Gewissen warf
dir noch nicht vor, daß Weisheit sich nur—lernt.

Mit solchem Blumenpflücken, Kränzchenwinden—
was ist getan? sieh dir ins Angesicht
und prüfe, ach, solch allzu lau Empfinden.

Du fühlst der Weisheit Weg noch nicht als—Pflicht.
Und so: ob von Glühwürmchen oder Sternen
dir Licht zufließt—dir ist's das gleiche Licht.

Dir sind die echten Tiefen, wahren Fernen
noch stumm; sie, deren Siegel einzig bricht:
ein tiefdemütig lebenlanges—Lernen.

Im Baum, du liebes Vöglein dort

Im Baum, du liebes Vöglein dort,

17

was ist dein Lied, dein Lied im Grund?
Dein kleines Lied ist Gotteswort,
dein kleiner Kehlkopf Gottes Mund.

'Ich singe' singt noch nicht aus dir,
es tönt die ewige Schöpfermacht
noch ungetrübt in reiner Pracht
in dir, du kleine süße Zier.

Leis auf zarten Füßen naht es

Leis auf zarten Füßen naht es,
vor dem Schlafen wie ein Fächeln:
Horch, o Seele, meines Rates,
laß dir Glück und Tröstung lächeln—:

Die in Liebe dir verbunden,
werden immer um dich bleiben,
werden klein und große Runden
treugesellt mit dir beschreiben.

Und sie werden an dir bauen,
unverwandt, wie du an ihnen,—
und, erwacht zu Einem Schauen,
werdet ihr wetteifernd dienen!

Licht ist Liebe

Licht ist Liebe ...Sonnen-Weben
Liebes-Strahlung einer Welt
schöpferischer Wesenheiten—

die durch unerhörte Zeiten

uns an ihrem Herzen hält,
und die uns zuletzt gegeben

ihren höchsten Geist in eines
Menschen Hülle während dreier
Jahre: da Er kam in Seines

Vaters Erbteil—nun der Erde
innerlichstes Himmelsfeuer:
daß auch sie einst Sonne werde.

Lucifer

"Ich will mein Licht vor eurem Licht verschließen,
ich will euch nicht, ihr sollt mich nicht genießen,
bevor ich nicht ein Eigenlicht geworden.

"So bring ich wohl das Böse zur Erscheinung,
als Geist der Sonderheit und der Verneinung,
doch neue Welt erschafft mein Geisterorden.

"Aus Widerspruch zum unbeirrten Wesen,
aus Irr-tum soll ein Götterstamm genesen,
der sich aus sich—und nicht aus euch—entscheidet.

"Der nicht von Anbeginn in Wahrheit wandelt,
der sich die Wahrheit leidend erst erhandelt,
der sich die Wahrheit handelnd erst erleidet."

Mit-erwacht

Dein Wunsch war immer—fliegen!
Nun naht dir die Erfüllung.

Du wirst den Raum besiegen,
nach jener Weltenthüllung,
die uns zu Freien machte
vom Schlaf der blinden Runden.

Nun hast du, Mit-Erwachte,
dein Schwingenkleid gefunden!

Mond am Mittag

Der weiße blaue Raum
im Mittagsonnenschein,
getrübt von keinem Flaum ...
Der weiße Mond allein

geistert in hoher Ferne
der Stern des Eloah,
der sich vom Sonnensterne
verbannte, um von da

des Logos Licht zu strahlen,
bis daß er selber kam
und in den dunklen Talen
auf ewig Wohnung nahm ...

Der weite blaue Raum
im Mittagsonnenschein,
getrübt von keinem Flaum ...
Der weiße Mond allein

geistert in hoher Ferne ...

Nach der Lektüre des Helsingforsers Cyclus 1912

Zur Schönheit führt Dein Werk:
denn Schönheit strömt
zuletzt durch alle Offenbarung ein,
die es uns gibt. Aus Menschen-Schmerzlichkeiten
hinauf zu immer höhern Harmonien
entbindest Du das schwindelnde Gefühl,
bis es vereint
mit dem Zusammenklang
unübersehbarer Verkünder GOTTES
und SEINER nie gefassten Herrlichkeit
mitschwingt im Liebeslicht
der Seligkeit ...
Aus Schönheit kommt,
zur Schönheit führt
Dein Werk.

Nun wohne DU darin

Nun wohne DU darin,
in diesem leeren Hause,
aus dem der Welt Gebrause
herausfloh und dahin.

Was ist nun noch mein Sinn,—
als daß auf eine Pause
ich einzig DEINE Klause,
mein Grund und Ursprung bin!

O Nacht ...

O Nacht, du Sternenbronnen,
ich bade Leib und Geist

in deinen tausend Sonnen—

O Nacht, die mich umfleußt
mit Offenbarungswonnen,
ergib mir, was du weißt!

O Nacht, du tiefer Bronnen ...

O gib mir Freuden

O gib mir Freuden, nicht mit dem verstrickt,
was ich als niedres Ich in mir empfinde,
gib solche Freuden mir zum Angebinde
wie Geist sie Geist, der Seele Seele schickt.

O nicht mehr dieser schalen Freuden Pein,
die doch erkauft nur sind von fremden—Leiden!
Schenk Herzen mir, die sich für DICH entscheiden,
so wird auch meines wahrhaft fröhlich sein.

O ihr kleinmütig Volk

O ihr kleinmütig Volk, die ihr vom Heute
nicht loskommt, die ihr meint: so ist es, war es
und wird es sein, so lange Menschen leben—.

O würdet ihr doch andrer Hoffnung Beute
und lerntet wieder schauen Offenbares
und Hirn und Herz zu höchstem Ziel erheben!

O wie gerne lern ich Milde

O wie gerne lern ich Milde,
liebes Herz, von deinem Munde,
folge dir in stillem Bunde
in geläuterte Gefilde!

Und wir schaun zurück zusammen
auf die Welt, samt ihrem Schelten,
und anstatt sie zu verdammen,
lassen wir sie gehn und gelten.

Sieh nicht

I

Sieh nicht, was andre tun,
der andern sind so viel,
du kommst nur in ein Spiel,
das nimmermehr wird ruhn.

Geh einfach Gottes Pfad,
laß nichts sonst Führer sein,
so gehst du recht und grad,
und gingst du ganz allein.

II

Verlange nichts von irgendwem,
laß jedermann sein Wesen,
du bist von irgendwelcher Fehm
zum Richter nicht erlesen.

Tu still dein Werk und gib der Welt
allein von deinem Frieden,

und hab dein Sach auf nichts gestellt
und niemanden hienieden.

Stör' nicht den Schlaf der liebsten Frau

Stör' nicht den Schlaf der liebsten Frau, mein Licht!
Stör' ihren zarten, zarten Schlummer nicht.

Wie ist sie ferne jetzt. Und doch so nah.
Ein Flüstern—und sie wäre wieder da.

Sei still, mein Herz, sei stiller noch, mein Mund,
mit Engeln redet wohl ihr Geist zur Stund.

Von zwei Rosen ...

Von zwei Rosen
duftet eine
anders, als die
andre Rose.

Von zwei Engeln
mag so einer
anders, als der
andre schön sein.

So in unzähl-
baren zarten
Andersheiten
mag der Himmel,

mag des Vaters
Göttersöhne-

reich seraphisch
abgestuft sein ...

Was klagst du an

Was klagst du an
die böse Welt
um das und dies?
bist du ein Mann,
der niemals Spelt
ins Feuer blies?

Hat Haß und Harm
und Wahn und Sucht
dich nie verführt,
daß blind dein Arm
der Flammen Flucht
noch mehr geschürt?

Was dünkst du dich
des unteilhaft,
was Weltbrand nährt!
Zuerst zerbrich
die Leidenschaft,
die dich noch schwärt.

In dich hinein
nimm allen Zwist,
der Welt sorg nit;
je wie du rein
von Schlacke bist,
wird sie es mit.

Wasserfall bei Nacht

I

Ruhe, Ruhe, tiefe Ruhe.
Lautlos schlummern Menschen, Tiere.
Nur des Gipfels Gletschertruhe
schüttet talwärts ihre
Wasser.

Geisterstille, Geisterfülle,
öffnet Eure Himmelsschranke!
Bleibe schlafend, liebe Hülle,
schwebt, Empfindung und Gedanke,
aufwärts!

Aufwärts in die Geisterhallen
taste dich, mein höher Wesen!
Laß des Lebens Schleier fallen,
Koste, seingenesen,
Freiheit!

II

Unablässig Sinken
weißer Wogenwucht,
laß mich, deine Bucht,
dein Geheimnis trinken.

Engel wölken leise
aus der Wasser Schoß,
lösen groß sich los
nach Dämonenweise.

Strahlen bis zum bleichen
Mond der Häupter Firn ...
Und auf Schläfer-Stirn
malen sie das Zeichen ...

Taufen gern Erhörten
mit der Weisheit Tau.
Und von ferner Schau
dämmert dem Enttörten.

Wer vom Ziel nicht weiß

Wer vom Ziel nicht weiß,
kann den Weg nicht haben,
wird im selben Kreis
all sein Leben traben;
kommt am Ende hin,
wo er hergerückt,
hat der Menge Sinn
nur noch mehr zerstückt.

Wer vom Ziel nichts kennt,
kann's doch heut erfahren;
wenn es ihn nur brennt
nach dem Göttlich-Wahren;
wenn in Eitelkeit
er nicht ganz versunken
und vom Wein der Zeit
nicht bis oben trunken.

Denn zu fragen ist
nach den stillen Dingen,
und zu wagen ist,
will man Licht erringen:
wer nicht suchen kann,
wie nur je ein Freier,
bleibt im Trugesbann
siebenfacher Schleier.

Wie macht' ich mich von DEINEM Zauber los

Wie macht' ich mich von DEINEM Zauber los
und tauchte wieder nieder in die Tiefe
und stiege wieder in des Dunkels Schoß,
wenn nicht auch dort DEIN selbes Wesen riefe,
an dessen Geisterlicht ich hier mein Sein,
als wie der Schmetterling am Licht, erlabe,
doch ohne daß mir die vollkommne Gabe
zum Untergang wird und zur Todespein.

Wie könnte ich von solcher Stätte scheiden,
wo jeder letzte Glückestraum erfüllt,
verharrte nicht ein ungeheures Leiden,
sogar von diesem Himmel nur—verhüllt.
Und da mir dessen Stachel ist geblieben,
wie könnt' ich nun, als brennend von DIR gehn,
um DICH in jener Welt noch mehr zu lieben,
in der sie DICH, als Sonne, noch nicht sehn.

Von Liebe so von DIR hinabgezwungen
vom Himmel auf die Erde, weiß ich doch:
nur immer wieder von DIR selbst durchdrungen,
ertrag' ich freudig solcher Sendung Joch.
DU mußtest DICH als Quell mir offenbaren,
der unaufhörlich rnir Erneuung bringt.
Nun kann ich auch gleich DIR zur Hölle fahren,
da mich DEIN Himmel ewiglich verjüngt.

Wir fanden einen Pfad

So wie ein Mensch, am trüben Tag, der Sonne vergisst,—
sie aber strahlt und leuchtet unaufhörlich,—
so mag man Dein an trübem Tag vergessen,

um wiederum und immer wiederum
erschüttert, ja geblendet zu empfinden,
wie unerschöpflich fort und fort und fort
Dein Sonnengeist uns dunklen Wandrern strahlt.

Überwinde!

Überwinde! Jede Stunde,
die du siegreich überwindest,
sei getrost, daß du im Pfunde
deines neuen Lebens findest.

Jede Schmach und jede Schande,
jeder Schmerz und jedes Leiden
wird bei richtigem Verstande
deinen Aufstieg mehr entscheiden.

Ohne Erbschuld wirst du funkeln,
abermals vor Enkeln rege,
ungezähltem Volk im Dunkeln
weist ein Sieger Sonnenwege.

www.ingramcontent.com/pod-product-compliance
Lightning Source LLC
Chambersburg PA
CBHW021609270326
41931CB00009B/1402